PISICĂ,

QUE VOL DIR ¨GAT¨ EN ROMANÈS

L´amor incondicional no coneix fronteres

Edició bilingüe català-romanès

PISICĂ,

CARE ÎNSEAMNĂ ¨GAT¨ ÎN LIMBA CATALANĂ

Iubirea necondiționată nu cunoaște granițe

Ediție bilingvă catalano-română

Mar Rey Solé

FSC
www.fsc.org

Català

De vegades hi ha coses en la vida que passen, perquè havien de passar. I de vegades estàs en un lloc, i en un moment determinat, perquè algú, o inclús, tu mateix, et necessitaves allà.
Us vull compartir la història d´una gata, una de molt especial, que vaig conèixer en un moment molt difícil de la meva vida.
Ella va donar llum als moments foscos que vaig tenir, i em va donar una raó de ser, per aixecar-me, per tirar endavant, i per creure que de vegades, lo impossible només costa una mica més.

Limba română

Uneori sunt lucruri în viață care se întâmplă, pentru că trebuiau să se întâmple. Și uneori ești într-un loc, și la un moment dat, pentru că cineva, sau chiar tu însuți, avea nevoie de tine acolo.
Vreau să vă împărtășesc povestea unei pisici, una cu totul specială, pe care am cunoscut-o într-un moment foarte dificil din viaţa mea.
Ea a făcut lumină asupra momentelor întunecate pe care le-am avut și mi-a dat un motiv să fiu, să mă ridic, să merg înainte și să cred că, uneori, imposibilul doar costă puțin mai mult.

Editorial: BoD · Books on Demand, Calle de Manzanares, 4, 28005 Madrid, bod@bod.com.es
Impresión: Libri Plureos GmbH, Friedensallee 273, 22763 Hamburg (Alemania)

ISBN: 978-84-1092-038-5

INTRODUCCIÓ

Aquesta és una història real, ben certa, de les que alguna vegada es veuen a les xarxes socials d'algun lloc remot d´EEUU, Hong Kong, o Austràlia, però, què té de diferent? Doncs que aquesta vegada, tot i que la història comença ben lluny d´aquí, ens queda més propera perquè acaba molt a prop.

Primer de tot faré la presentació, em dic Mar i sóc de Barcelona. Sóc una *cat lover*, actualment tinc tres gats, la Misha, el Maxi i el Moix, però n´he tingut tres més (la Daisy, el Tigre i el Mishoo – tots tres que EPD) i ma mare en té dos, que també considero meus , en Robin i la gran protagonista d´aquesta història, la Pisică.

Per qüestions que ara us explicaré vaig passar-me quasi dos anys de la meva vida a Romania, dos anys que no només em van canviar la vida a mi.

1. COMENÇA L´AVENTURA

Corria l´abril del 2018 quan em trobava treballant en una empresa de matalassos situada al costat del Palau de Mar, però en realitat la meva formació era en Arqueologia.
Feia més d´un any que havia fet una sol·licitud per dirigir el meu propi projecte de recerca en Prehistòria en un país estranger, ja que és en el que m´havia especialitzat, i just quan m´havia quasi oblidat del tema ... pam! La oportunitat va picar a la meva porta!
En un e-mail m´informaven que m´havien seleccionat pel projecte i que m´havia de mudar a Romania en quinze dies! Aquest e-mail el vaig llegir a la feina, us imagineu la meva cara de pòquer la resta de dia? de fet, el correu portava molts dies a la safata d´*spam* i de fet per poc perdo aquest tren... així que ja veieu que tot va començar una mica, diguem, de manera força estressant.
Jo tenia 37 anys en aquell moment, i després de meditar-ho molt vaig arribar a la conclusió que si no ho feia sempre m´hagués quedat la sensació de no saber com hagués anat, i no m´hagués agradat quedar-me amb el dubte, i a part, aquella oportunitat em podria servir per créixer professionalment. La meva filosofia es que més val penedir-se de quelcom que has fet que de quelcom que no has fet!
Doncs bé, després d´acomiadar-me de la feina que tenia i de fer moltíssima paperassa online, finalment el 27 d´abril del 2018, i després de tres hores d´avió, em vaig plantar a la capital de Transsilvània, Cluj-Napoca, ciutat romanesa a l´est d´Europa, a 3200 km de casa i a 36 graus de temperatura!
I així és com vaig emprendre una aventura que marcaria la resta de a meva vida.

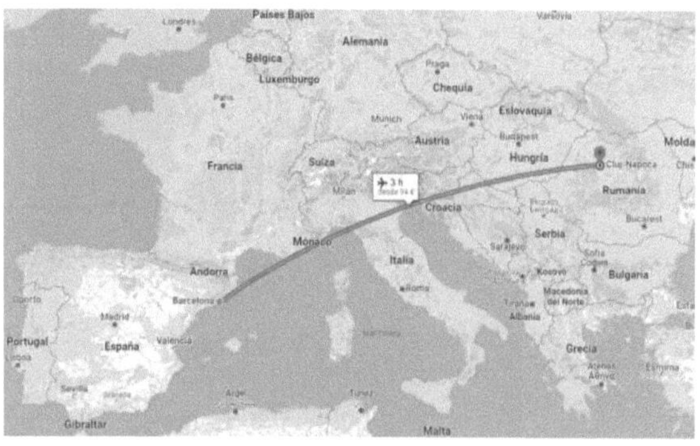

Imatge de la distància des de Barcelona a Cluj- Napoca. Font: *Google Maps*.

De totes maneres, tot i que em feia molta il·lusió poder seguir treballant d´arqueòloga, en el camp de la recerca i a de més en una universitat estrangera, no deixava de ser dur haver de marxar durant dos anys a un país que no coneixia, lluny de la meva parella, dels meus pares i dels meus amics.

Però gràcies a la decisió de marxar vaig descobrir una ciutat interessant, bonica i amb encant.

Porta d´embarcament a l´aeroport del Prat cap a l´avió que em portaria a Cluj-Napoca. Foto de l´autora.

Foto aèria presa des de l´avió, vista d´ocell de la ciutat de Cluj-Napoca. Foto de l´autora.

Vista panoràmica de la ciutat des del Parc *Cetăţuia*. Foto de l´autora.

2. LA MEVA NOVA LLAR

Després d´un dia esgotador de paperassa administrativa per poder residir allà i signar el meu contracte a la universitat, vaig arribar a la que seria casa meva durant aquells 24 mesos, una habitació d´uns 30 metres quadrats situada molt aprop d´un campus universitari just a tocar de la zona de discoteques de Cluj – Napoca (a partir d´ara només Cluj).

Tot i que l´habitació estava equipada amb cuina, bany i una saleta d´estar/dormitori em vaig adonar que no disposava de nevera ni de rentadora, així que vaig haver d´espavilar-me per comprar al menys la nevera, ja que era primordial amb les temperatures que estàvem.

Pel tema de la rentadora vaig descobrir que hi havia diversos serveis de bugaderia a prop de casa així que tema resolt.

Ciutat de contrastos. A la dreta, a finals d´abril a 36 graus, a l´esquerra, a principis de novembre tot nevat, a - 10 graus. Fotos de l´autora.

Vistes des del meu balcó al meu carrer i La nevereta que vaig comprar. Fotos de l´autora.

3. DESCOBRINT LA COLÒNIA

Aquella mateixa tarda, i només mig aclimatada a la meva nova llar, de seguida em vaig adonar que sota casa meva vivia una colònia de gats. Es tractava d´una zona enjardinada, amb espai asfaltat i brossa, molta brossa.

La colònia constava de sis gats que moltes vegades estaven junts allà, entre el carrer, els parterres d´un campus que estava a prop, i les escombraries descontrolades que produïen els estudiants, tot sigui dit.

Aquesta colònia feral estava formada per una gata blanca i tigrada, una gata negra, dos gats negres i blancs, un gat blanc i tigrat i una gata negra i blanca. Hi havia alguns més perjudicats que d´altres, amb ferides a la pell, orelles amb cicatrius, i bruts com guilles.

Alguns sempre venien junts i es feien moixaines entre ells (la gata tigrada i blanca, la negra i la blanca i negra) i els altres es quedaven a certa distància prudencial però sempre formant un grup que es movia més o menys junt.

La veritat és que em feien molta llàstima i vaig veure que menjaven restes de les escombraries, *tuppers* que alguns estudiants havien deixat i també vaig veure en alguna ocasió un pot amb aigua i una mica de pinso que una bona ànima deixava de tant en tant.

Vaig veure de seguida que havia de fer alguna cosa per aquells gatets perquè a partir d´ara els veuria cada dia així que vaig començar a posar àlies a les tres gates que veia més sovint, la ¨Xineta¨ (la tigrada i blanca), la ¨Negreta¨ (la negra) i la ¨Pisică¨ (la blanca i negra que se m´acostava a la primera foto).

Així que no vaig trigar res a cercar menjar de gats a les botigues del costat de casa meva, i vaig decidir que una de les meves activitats, a part de treballar i sobreviure, seria mantenir la colònia alimentada en la mida del possible.

Anaven passant els dies i els veia allà sense buscar-los, però quan no estaven vaig començar a cridar-los, xiulava una mica i en uns minuts anaven apareixent, de vegades tots, de vegades només alguns. Em feia tanta il·lusió veure que venien quan els començava a cridar... que ja els sentia com a meus.

Els hi donava sobretot llaunes i sobres de menjar humit, de vegades també comprava pinso, i algun pot amb aigua també deixava. Menjaven amb delit i em miraven amb cara d´agraïts.

Al matí, recent llevada, em posava al balcó i cridava als gatets, i com que ja coneixien la meva veu, es posaven sota a esperar a veure què queia, normalment els tirava trossets de pernil en dolç que em sobraven de l´esmorzar.

Passaven els dies i em vaig adonar d´una cosa, una de les gates sobresortia dels demés, es deixava tocar, s´arremolinava en les meves cames, em feia festes quan em veia i fins i tot, la podia agafar i tenir en braços una estoneta. Es tractava de la Pisică.

Primera foto feta de la colònia, amb la gata blanca i negra – la Pisică - acostant-se a mi. Foto de l´autora.

Gata batejada com la ¨Xineta¨ pels seus ullets ametllats, menjant les restes que els donaven els estudiants. Fotos de l´autora.

Una dels menjars humits que comprava al supermercat. Foto de l´autora

Pisică esperant a que li caigués el manà del cel. Foto de l´autora.

4. PISICĂ

El dia de la revetlla de Sant Joan, el 23 de juny, vaig sortir de casa i vaig veure a uns quants gats de la colònia allà reposant. Vaig sortir a caminar i a donar una volta per un parc que hi havia a prop de casa per passejar una estona i distreure´m, però al tornar a casa vaig veure una de les imatges més tristes que em podia imaginar.

Un dels gats que havia vist abans descansant a la gespa, un de blanc i negre, va aparèixer mort... i en comprovar que no es tractava de la Pisică aquell mateix dia em vaig prometre que la salvaria. Faria el possible per treure-la dels carrers i donar-li una oportunitat!

Vaig escollir aquest nom perquè el mot *Pisică* vol dir "gat" en romanès i el vaig trobar, a part de melòdic, molt adequat. Es veu que l´arrel ¨Pis¨ ve de l´onomatopeia ¨piss piss¨ que s´utilitza a molts llocs del món per cridar als gatets i que et facin cas. Oi que és bonic?

El primer que havia de fer era cercar alguna botiga d´animals per comprar les coses bàsiques per quan la pugés al pis. Vaig localitzar una molt a prop de la feina i vaig comprar unes menjadores, una safata sanitària per la sorra, unes joguines, sorra i menjar. Ja ho tenia tot quasi enllestit per la seva arribada.

Com es diu ¨gat¨ arreu d´Europa. Font: zoom-maps.com.

5. PRIMER CONTACTE AMB UN VETERINARI

El pla ja anava agafant forma i el següent pas fou cercar un veterinari, però tenia que complir uns requisits molt importants; que parlés anglès i que volgués ajudar-me en tot el que necessitava.

Vaig obrir *Google Maps* i vaig fer la cerca pels voltants de casa meva. Vaig trobar un veterinari no massa lluny de casa, el *Centru Veterinari Clinici* (Centre Clínic Veterinari) del Dr. Ardelean.

Com que el tenia a deu minuts caminant des de casa vaig decidir acostar-m´hi per explicar tota la història i tot el que tenia en ment, o sigui, que me la volia endur cap a Barcelona per poder salvar-li la vida.

La veritat és que no les tenia totes però ell parlava anglès perfectament i es va mostrar molt interessat des del primer moment. Adrian, que així es diu el veterinari, i la seva dona, que també estava allà, van ser de lo més amable i em van dir que m´ajudarien en tot el que poguessin!! Vaig sentir una alegria immensa i moltíssima il·lusió perquè el meu pla semblava que podria funcionar!!

Em va explicar tot el que se li havia de fer, que no eren poques coses. Primer de tot portar-la per desparasitar-la, tant externa com internament, vacunar-la de vàries malalties, posar-li el xip i fer-li un passaport. Però com la portaria fins al veterinari? jo no tenia cap transportin ni res semblant.

Vista de l´entrada al *Centru Veterinari Clinici* del Dr. Ardelean Adrian (Centre Clínic Veterinari). Foto de l´autora.

Doncs l´Adrian, molt resolutiu, em va deixar un transportin per atrapar-la i així poder portar-li. Tot i que aquell transportin estava una mica trencat, el va mig arreglar amb cinta perquè tanqués bé i pogués atrapar la gatona.

I així vaig tornar cap a casa amb aquell transportin rònec i vell però ben ple d´esperança.

6. LA CACERA DE LA PISICĂ

Érem a dilluns 25 de juny. El pla ja havia començat i havia de portar-lo a terme de seguida. Em vaig llevar per anar a treballar i l´aventura començaria a la tarda, en quan plegués de la feina.

Quan vaig arribar a casa de la uni, vaig pujar a pel transportín, armada amb pernil dolç i molta adrenalina.

Només feia que repetir-me: ¨Salvaràs a la Pisică i la trauràs dels carrers¨, ¨Tot sortirà bé¨, però la veritat és que estava dels nervis. Sentia que aquell pla no podia fracassar perquè la seva vida depenia del que fes jo en les properes hores. Tenia massa pressió.

Va arribar l´hora de la veritat i vaig baixar a la zona on normalment estaven els gatets, però no vaig veure ni rastre de cap. Llavors vaig començar a cridar-los:

Psiiissss, psiissssssssss

I no va trigar ni dos minuts que es va acostar un gat blanc i negre.... era la Pisică!

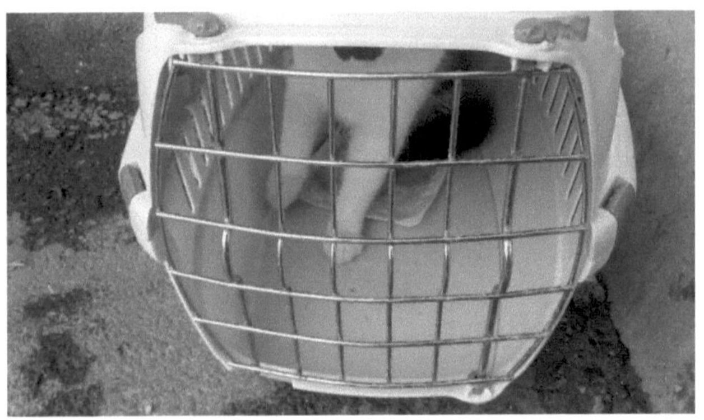

Pisică caçada amb el pernil dolç i ficada al transportin deixat pel veterinari Adrian Ardelean. Foto de l´autora.

El cor em va començar a bategar molt fort i em començaven a suar les mans.

Com que els gats pressenten i noten l´estat de les persones vaig intentar actuar de lo més normal.

Vaig deixar el transportin a terra i jo m´hi vaig asseure també. Vaig obrir el plàstic del pernil dolç i la Pisică es veia força interessada. Es va començar a fregar contra meu i contra el transportin. Estava emocionadíssima!! La tenia tant a prop...

Vaig deixar la porta oberta i hi vaig posar unes rodanxes de pernil ben endins... i la Pisică les ensumava, però no acabava d´entrar, cada cop posava el cap més endins fins que... va entrar tota a dins i vaig tancar la porta!

Quasi no podia ni respirar de l´emoció, dels nervis, de tot! Ja la tenia!

7. POSADA A PUNT 1:

VACUNES, DESPARASITACIÓ, PASSAPORT

Amb el cor a mil vaig començar a fer camí cap el veterinari que ja m´esperava i la va començar a revisar.
El primer que vam veure era que era una gata molt bona, no feia cap gest de marxar, ni bufar, ni oposava resistència, ni res, era un solet!.... això si, estava plena de puces, li mancaven unes dents del davant i estava molt primeta. Malgrat això el veterinari no va veure res greu a simple vista. Això si, em va avisar que sense analítica no sabríem si tenia alguna malaltia. També em va fer fixar que tenia una orella tallada, signe de que havia estat esterilitzada.

La va desparasitar tirant-li un líquid per damunt (no era una pipeta) i la va netejar. Després la va vacunar de les malalties obligatòries a Romania inclosa la ràbia (a Romania encara està activa aquesta malaltia mortal), però només la primera dosi. La segona dosi li tocaria en 1 mes. Em va demanar dades per començar a tramitar el passaport i vam decidir que per avui ja l´havíem marejada massa. El xip li posaríem un cop li posés la segona dosi de la ràbia i em donés el passaport omplert.

Vam tornar cap a casa i vaig deixar el transportí obert. Va sortir mot lentament però després va córrer a amagar-se entre un dels llits i la paret.

Allà es va quedar tooooota la tarda, i això que tenia aigua, menjar tou i sec i la safata amb la sorra. Però a la matinada vaig sentir que hi havia algú al sorral.

Vaig adormir-me de pur esgotament però al matí següent la Pisică continuava amagada; així que vaig idear una tècnica perquè anés sortint i guanyant confiança.

8. VIDA CASOLANA I PRIMERES VEGADES

Estava patint perquè no veia que mengés i llavors se'm va ocórrer una idea. Posar-li una espècie de caminet amb boletes de pinso que anaven des d´on estava ella (el raconet del llit amb la paret on m´arribava la mà) fins a les menjadores.

I al cap de res, vaig començar a sentir com rossegava tímidament les boletes i anava veient-li el musellet.

No va ser un procés ràpid però en una tarda vaig aconseguir que anés a les menjadores amb la meva presència allà. Jo no la mirava, no tenia contacte visual per no espantar-la però poc a poc ella em mirava de reüll, jo la mirava una mica sense moure´m i continuava amb el que estès fent i així ella veia que jo no era cap amenaça.

Cada dia que passava s´amagava molt menys i fins i tot va començar a fregar-se contra els mobles per deixar la seva olor impregnada.

El mes que va estar amb mi al pis van ser moltes ¨primeres vegades¨ per a la Pisică.

Els primer dies van ser complicats per ella, no coneixia l´entorn, no se´n refiava de mi, havia d´acostumar-se a fer pipí a un sorral, i no sabia què era un llit tou. Després de varis dies de dormir al terra, quan va descobrir lo bé que es dormia en el meu llit, ja no va dormir mai més al terra.

M´encantava veure la seva evolució dia a dia, cada cop s´amagava menys, es deixava tocar més, s´acostava ella a mi sense jo dir-li res, menjava sense vergonya, li encantava mirar per la finestra i prendre la fresqueta per l´escletxa que deixava oberta... fins el primer dia que es va posar a dormir al meu costat, tocant-me. Aquest gest de total confiança em va arribar al cor.

Al cap d´uns dies, quan ja estava més forta i suposo que ja no sentia gana ni set, va començar també a jugar; la sentia de matinada, perseguint els ratolins de joguina que li havia comprat i fotia uns salts i uns tips de córrer! ... em donava la impressió que era la primera vegada que aquesta gata jugava.

Jo patia perquè es posava com una moto a jugar, agafava el ratolí i el llençava per caçar-lo i feia molt de soroll al veí de baix... tot ressonava moltíssim i vaig tenir por que pugessin a dir-me alguna cosa... però per sort no va passar mai.

Això volia dir que ja tenia totes les necessitats cobertes, no passava ni fred extrem ni calor extrema, no es mullava quan plovia, no tenia puces que la molestessin, no havia de competir per menjar restes poc saludables... ja no tenia preocupacions per sobreviure...!!!

Em feia molt feliç poder veure en primera persona tota aquesta evolució, la veritat és que va ser una sensació que no havia tingut mai a la vida.

I una de les millors sensacions era quan tornava a la feina i a casa tenia algú que m´esperava. I cada dia m´esperava més a prop de la porta, ja sabia quan pujava !

Un dia vaig veure un gest que em va cridar molt l´atenció. Jo tenia un mirallet a l´habitació a l´alçada de la finestra, doncs vaig veure com ella s´acostava i mirava el seu reflex. Estic segura que aquesta era la primera vegada que veia quin aspecte tenia. Va ser un dels moments més especials que vam viure plegades (veure portada i foto posterior).

Pisică gaudint del primer àpat amb mi i fent servir el sorral sense vergonya. Fotos de l´autora.

Pisică en un dels seus racons favorits, la finestra. Foto de l´autora.

Primera vegada que la Pisică tenia confiança amb mi per estirar-se al meu costat. Foto de l´autora.

Pisică relaxada al meu llit. Fotos de l´autora.

9. INSPECCIÓ SORPRESA

A les rodalies de casa hi havia càmeres de vigilància. D´això ja me n´havia adonat feia temps però no n´era conscient de que vigilessin massa, fins que va passar una cosa ¨xunga¨.

Un matí, van començar a picar insistentment a la porta... era un vigilant de l´edifici que coneixia de vista, i que només parlava romanès.

Picava molt i em vaig estressar moltíssim, no podia obrir tal qual perquè tenia la gata per allà i tots els seus estris! I vaig imaginar que no es podien tenir animals al pis... així que li vaig dir com vaig poder que esperés un moment, que estava a la dutxa.

Mentida! Havia d´amagar-ho tot, Pisică inclosa!!

Pensa, pensa ràpid, vaig dir-me.

El cor i el cervell m´anaven a mil per hora. Vaig amagar les menjadores i la safata de la sorra a uns armariets de la cuina, sota la pica. vaig recollir totes les ratetes i joguines que tenia per allà, també cap a un altre armari més elevat, juntament amb el transportí. Només em faltava amagar la gata!! Com ho faria??

Lo únic que se´m va ocórrer va ser espantar-la una mica, i dir-li:

Amaga´t!

i ella sola es va ficar entre el llit i la paret, en el raconet on es va amagar la primera nit. I vaig posar el pal de fregar per una banda i l´escombra per una altra, com fent d´agents dissuasoris perquè no sortís.

Notant el pols a la front i amb suors fredes vaig acabar obrint la porta.

El vigilant em parlava en romanès, i només vaig entendre ¨Pisică¨, tot i que jo encara no parlava romanès sabia perfectament el que m´estava demanant.

Sabia que m´haurien vist per les càmeres pujant amb un transportí. Sabien que tenia una gata a l´habitació? I això potser era una falta molt greu que podria inclús fer-me fora de l´allotjament. En aquell moment pensava que em desmaiava.

El vigilant va mirar des de la porta tot el pis i quan va veure el calendari que tenia sobre la taula, que era, com no, de gatets, em va preguntar:

Pisică aici? Pisică aici? (vol dir, gata aquí? gata aquí?)

Li vaig dir que no amb una sang freda impressionant. El seu descobriment significaria la seva fi. La seva mort.

Però en un segon tot va canviar i el vigilant es va donar per vençut, ja que no va trobar el que venia a cercar. I va marxar. I vaig tancar la porta. I jo vaig tornar a respirar. I a continuació em vaig posar a plorar dels nervis continguts.

La Pisică va sortir tímidament del seu amagatall en uns minuts i la vaig acaronar. El pitjor i el millor moment de l´estança fins llavors van fondre´s allà mateix.

Pisică amagada entre la paret i un dels llits, que era el seu lloc favorit els primers dies. Foto de l´autora.

10. POSADA A PUNT 2:

SEGONA DOSI DE LA RÀBIA I XIP

Tal i com us he explicat abans, havia de passar un mes per posar-li el recordatori de la vacuna de la ràbia i ara us explicaré com ho vam haver de fer. Davant de l´ensurt que vaig tenir amb la inspecció sorpresa del pis no podia arriscar-me a que em tornessin a veure amb un transportin amunt i avall, ja que segurament els treballadors estaven controlant les meves passes de prop.

Vaig parlar amb el veterinari explicant-li tot el que havia passat i ho va entendre perfectament, així que molt amablement es va oferir a venir a casa a fer-li la segona dosi i el xip.

Doncs bé, Adrian va pujar a l´habitació i la Pisică es va amagar sota la pica de la cuina, que no sé ni com va poder ficar-s´hi, però ja se sap que els gats poden adoptar la forma que desitgin... llavors l´Adrian, que és un expert en això, va agafar una escombra, i tot suant la gota grossa al final va poder enxampar-la per fer les dues operacions ràpidament.

I llestos!!!! Una cosa menys!! El llistat ¨things to do¨ s´anava escurçant cada cop més.

11. CERCANT VOLS

Un cop enllestida la part de documentació i la part sanitària, vaig haver de començar a cercar vols pel viatge cap a Barcelona. Només havia de cercar vols que acceptessin animals, fàcil, oi?

L´única aerolínia que volava directe Cluj – Barcelona és vaig descobrir que no admetien animals! Vaig quedar devastada i la realitat em va donar una bona bufetada.

He arribat fins aquí i ara no me la podré endur??

No vulgueu saber quina angoixa em va agafar; recordo el moment en què la Pisică dormia plàcidament mentre jo estava cercant i cercant vols sense èxit.

Llavors se´m va encendre la bombeta i vaig pensar en que potser el que havia de fer era agafar dos vols. Primer de tot mirar quines companyies volaven des de Cluj i admetien animals. Agafar un primer vol cap a X ciutat europea de camí a Barcelona i després agafar un altra cap a Barcelona, que també admetés animals.

Doncs al final vaig trobar una aerolínia que ho faria possible. Faria un primer vol fins a Frankfurt, esperaria dues hores i agafaria el segon vol cap a Barcelona de la mateixa companyia, ja que els dos vols admetien animals a cabina.

Jo només volia viatjar a cabina amb la Pisică ja que he sentit històries horribles d´animals que moren per l´estrès o sobre les males condicions ambientals quan viatgen en bodega, i això si que no m´ho hagués perdonat mai!

Vaig trigar una mica en enllaçar els vols pel *transfer* però vaig aconseguir lligar-ho tot i el dia 10 d´agost va ser el dia escollit per viatjar, i així començarien les meves vacances d´agost a Barcelona. El primer dia de la resta de la vida de la Pisică.

La logística no havia acabat, ara havia de cercar un transportin per dur a cabina amb les mides concretes que demanava l´aerolínia. I això tampoc va ser fàcil. Vaig recorre'm moltes botigues d´animals de Cluj (no uns penseu que n´hi havia tantes!) i en cap hi havia de les mides exactes que em demanaven. Al final i amb cert neguit vaig fer molta recerca online a diverses botigues amb la incertesa de si el paquet arribaria a temps i vaig trobar una bona opció.

Des que vaig comprar el transportin el que vaig fer és posar cada matí el sobre de menjar humit a dins perquè s´anés acostumant i anés entrant a dins i no em trobés amb la sorpresa que el dia del viatge no podia ficar-la dintre, cosa que m´aterrava imaginar.

Pisică dormitant plàcidament mentrestant jo cercava vols. Foto de l´autora.

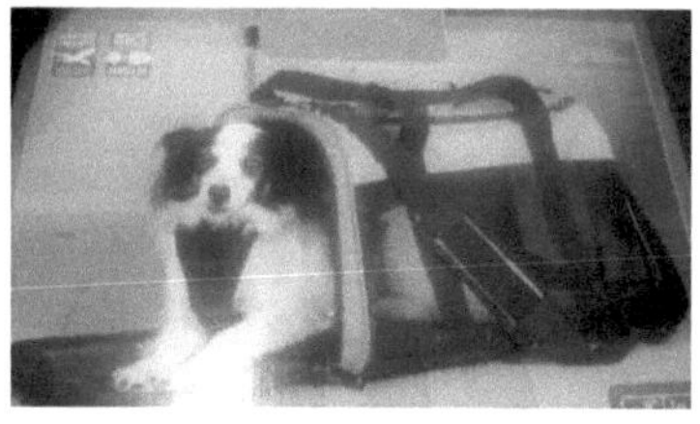

Foto de la capsa del transportin que vaig comprar especial per viatjar en cabina. Foto de l´autora.

12. VOLANT CAP A UNA NOVA VIDA

El dia va arribar i la nit abans, contra tot pronòstic, vaig poder dormir seguit. Al matí però, tots els nervis van sortir de cop.

Doncs aquell matí, us prometo que vaig fer el mateix de cada dia, posar-li la llauna a dins del transportin... doncs la Pisică, que no és gens tonta... us imagineu que va fer? Doncs que no volia pas entrar!

El cor se´m va començar a accelerar perquè tenia el temps comptat i no podia badar massa.

Vaig intentar dissimular molt, no mirar-la, no estar pendent de si entrava o no.... i llavors quan va començar a ficar el musellet a dins... em vaig encoratjar i la vaig espitjar cap a dins! Ja estava dins! Primer pas fet!

Vaig acabar d´endreçar la maleta per no deixar-me res; passaport de la Pisică, DNI meu, maleta amb poc pes i transportin amb Pisică dins.

Com vaig arribar molt bé de temps a l´aeroport ens vam asseure a prendre quelcom al bar del mateix, on em faig fer aquesta foto, sense imaginar -me que passaria a continuació.

Pisică i jo al bar de l´aeroport, apunt d´estar vàries hores de camí cap a casa. Foto de l´autora.

Com us podeu imaginar de vegades hi ha imprevistos quan s´han d´agafar vols.

Just després de passar el control arribo a la porta i me n´adono que el primer vol es preveia amb retard, però amb tant retard que perdíem l´altre vol. Això era molt greu ja que significava haver de tornar a començar de zero un altre dia, tornar a casa a expenses que m´enxampessin els vigilants, tornar a lligar vols ves a saber quin dia, tornar a ficar a la Pisică al transportin, tornar a demanar formalment les vacances per altres dies perquè la universitat tingués constància....! em van envair una sèrie de suors fredes horroroses que ni us imagineu!

En poc temps es va formar una cua de gent reclamant el mateix que jo al mostrador,

així que ja em veieu allà al mostrador exigint que m´arreglessin la situació perquè la meva gata havia d´arribar a casa seva aquell mateix dia. Després de ser vàries persones que ens passava el mateix ens van explicar que havien hagut de reprogramar ruta, i ara havia d´esperar quatre hores per agafar l´avió. Un cop a Frankfurt havia d´esperar quatre hores més per agafar el vol cap a Barcelona. Així que enlloc de les tres hores que és el que dura un vol directe al final es van fer unes eternes dotze hores de viatge.

Què hi farem, la qüestió era arribar a casa!

A més a més, a cada vol vaig haver de passar pel seu respectiu control i sabeu que? em van fer treure la Pisică del transportin perquè havien de revisar que no portés quelcom maliciós a dintre... així que tot s´anava complicant cada vegada més... el meu cap imaginava com obrien el transportin i la gata sortia escapant-se per l´aeroport i la perdia...

Així que al primer control, em van agafar el transportin amb la Pisică dins i el van col·locar en una taula lluny de mi, el van obrir i van agafar la gata afectuosament. Jo estava morta de por, però vaig observar que ella es quedava immòbil als braços de qui l'agafava, no feia cap gest de voler marxar, ni oposava cap resistència... semblava que entengués que aquell era el seu viatge a una vida millor... I quan van acabar d´inspeccionar el transportin la van tornar a ficar a dins com si no hagués passat res.

Vam entrar al primer avió i quan ens enlairàvem, vaig obrir una mica la cremallera per poder ficar la meva mà i poder acaronar-la i que no estès tant neguitosa amb els sorolls ensordidors de l´avió. Així fins que vam arribar a Frankfurt. Allà tres quarts del mateix, vam fer l´espera de quatre hores, vam passar pel control altra cop traient-la del transportí, es va portar fabulosament i segon i darrer vol i cap a casa!

Com una campiona la Pisică no va menjar ni beure ni fer pipí ni res (tot i que tenia menjar i beguda a dins el transportin) i va aguantar estoicament tot el viatge.

Però jo vaig patir el que no està escrit.

De totes maneres, estic segura que va fer el viatge de la seva vida, i ara viu feliç i com una reina a casa de mons pares que van tenir la generositat d´adoptar-la, ja que jo ja tenia dos gatets i ells acabaven de perdre´n un, el Mishoo.

Pisică va viure amb el meus pares siguent ¨gata única¨ fins que al 2020 va venir la pandèmia de Covid. El meu pare va morir al març del 2020 i la meva mare i la Pisică van quedar soles. Al juny del 2020 ma mare i jo vam va decidir adoptar al Robin, un gatet que venia de Huelva per fer companyia a la Pisică. De seguida es van fer amics i dormien junts quan acabaven de jugar plegats.

Pisică en un dels seus hobbies favorits, mirar per la finestra de casa dels meus pares. Es pot ser més preciosa? Mireu quina cara d´amor que posa... Fotos de l´autora.

La família al complet amb la Pisică al fons, mirant per la finestra. Foto de l´autora.

Pisică amb el seu ¨germà¨ Robin, adoptat de Lepe (Huelva). Foto de l´autora.

13. ELS AMICS MAI ES DEIXEN ENRERE

Però aquesta història no acaba amb la Pisică, la seva família gatuna roman allà i quan vaig tornar de les vacances em vaig encarregar d´ells la resta de temps que hi vaig ser, quasi dos anys.
Sobre tot les que s´acostaven més foren la Xineta i la Negreta, cada dia les cridava i venien per menjar allà amb mi i fer-nos companyia mútua.

Com veieu, la calor poc a poc va anar marxant i es va transformar en un gèlid hivern, nevat i glaçat. Tot i així, les gatetes anaven sortint quasi cada dia.

Al cap dels mesos va donar-se lloc una tímida primavera i amb ella més naixements de gatets romanesos al campus. Vaig fer el que vaig poder i el dia que vaig marxar vaig prometre a la colònia tornar-nos a veure. Estic segura que així serà.

La Xineta menjant el sobre que li vaig posar una tarda gèlida. Foto de l´autora.

La Negreta sota les inclemències del temps. Fotos de l´autora

14. UN ADEU SEMPRE ÉS POLAR

La Pisică va estar bé de salut i era una gata ja grassoneta que gaudia de la seva vida a Barcelona, però malauradament, l´agost del 2023 la Pisică va començar a desenvolupar un tumor molt agressiu a sota la mandíbula.

Després de fer-li vàries proves, ens van confirmar molt males notícies. Era immunodeficient i havia desenvolupat un limfoma molt agressiu. No hi havia res a fer i li quedaven poques setmanes de vida.

Va ser estimada fins el darrer sospir i la vam ajudar a creuar l´Arc de Sant Martí; no va morir al carrer, tal i com el seu destí havia planejat per ella abans de creuar els nostres camins.

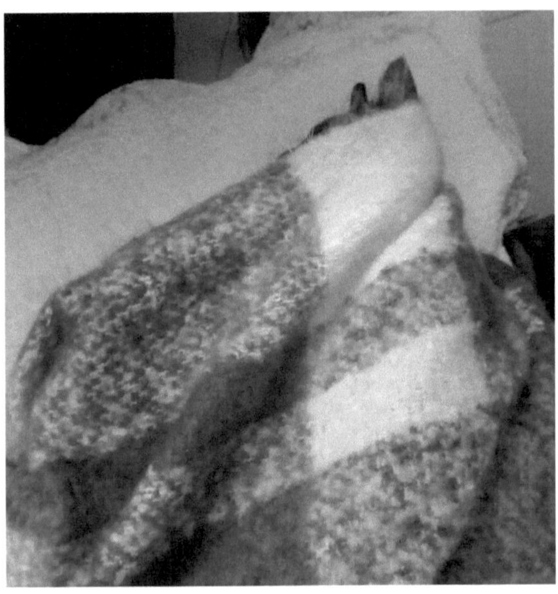

Darrera foto captada de la Pisică. Foto de l´autora

15. ¨IUBIRE¨ (AMOR)

Vaig sentir un buit molt gran amb la seva pèrdua, era una gata molt especial amb una història digna de ser explicada i també fou com una connexió que tenia amb el meu desaparegut pare, una sensació difícil d´explicar.

Així que perquè aquesta bonica història no caigués en l´oblit, vaig començar a idear el fer aquest conte i de que la seva història se sàpigues arreu.

I no només això, havia decidit que la recaptació que aconseguís de la venda del conte aniria destinada a alguna protectora de gatets romanesa de la ciutat de Cluj, la ciutat de la Pisică. És aquí on ve un gir de guió totalment inesperat que li dona a la història encara més emoció.

Vaig estar cercant per *Meta* (*Facebook)* per trobar una protectora i fent *scrolling* en un grup d´animals sense llar vaig trobar-me amb un post de feia molt de temps, del juliol del 2018, d´una noia que cercava a una gata molt semblant a la Pisică; i quan vaig mirar detingudament la foto que havia penjat, sí! Cercava a la Pisică!

Foto del post a *Meta (Facebook)* cercant a la llavors ¨Iubire¨. Foto cedida per la Iulia.

Se´m va glaçar la sang... m´havia endut una gata que ja tenia casa? No entenia res de res. Vaig seguir indagant i vaig contactar amb la noia del post, i li vaig explicar tota la història. Ella em va respondre al cap d´unes hores, súper emocionada i plorant, i em va confirmar que s´estimava molt a la ¨Iubire¨, que era així com l´anomenava ella i que el nom significa ¨Amor¨ en romanès – i no m´estranya que la bategés així-, que l´alimentava i la visitava amb periodicitat a la zona on vivia.

L´havia vista néixer, l´havia portada al veterinari per un problema lleu a les mames, i em va explicar que inclús la Pisică s´havia quedat embarassada i havia tingut gatets però que malauradament algú els va matar als pocs dies d´haver nascut.

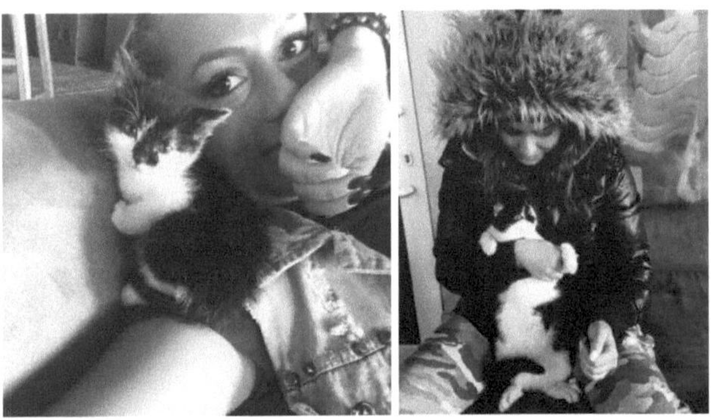

Iubire¨ molt petitona i després embarassada. Fotos cedides per la Iulia.

I un bon dia, la Pisică havia desaparegut sense deixar ni rastre. Però ella va estar cercant-la molt de temps per la zona estudiantil.

Li vaig explicar tota la història a la Iulia i tot i que primer es va entristir, després es va alegrar que la Pisică hagués tingut una llar tot aquest temps que ella l´havia estat cercant, l´havia trobada moltíssim a faltar i es va emocionar molt per tota la història. Em va enviar moltíssimes fotos d´ella amb la Pisică i vaig poder veure part de la seva vida que jo no havia conegut.

Va ser molt emocionant descobrir tot això.

De totes maneres, insisteixo que sento molt que la Iulia un bon dia no trobés més a la Pisică, ja que se l´estimava moltíssim i em sap molt greu haver-li pogut causar dolor traient a la Pisică dels carrers on ella la visitava.

La intenció de les dues sempre ha estat la de salvar una ànima bonica i cadascuna ho hem fet de la millor manera que hem sabut.

AGRAÏMENTS

El primer ésser a qui vull agrair és a la Pisică. La colònia de gats i particularment ella, van fer que jo tingués un motiu per sortir de casa cada dia, nevés, plogués o fes 38 graus. Va provocar en mi una sensació de voler protegir-los i cuidar-los fins al final. Els estaré eternament agraïda. Ella em va salvar a mi donant-me una il·lusió que necessitava per aquell llavors.

Sento haver transgredit les normes de la l´habitatge però la causa era major, sé que ho poden entendre i des d´aquí envio les meves disculpes.

L´altra persona súper important, i sense la qual no hagués pogut fer tot el que vaig fer, fou el veterinari Dr. Adrian Ardelean, veterinari de gran cor. La seva amabilitat, les seves ganes d´ajudar-me i la seva eficiència van fer possible que el meu somni de portar la Pisică a Barcelona esdevingués una realitat.

Iulia Negrea, gràcies per haver alimentat i cuidat a la Pisică quan era la ¨Iubire¨ i vivia al carrer, tu vas ser una peça molt important per ajudar a que fos una gata més sociable i jo pogués treure-la dels carrers. El teu bon cor va fer que visqués molt bé mentre estava al carrer. Tant ella com jo t´estarem eternament agraïdes.

Mihaela Fluieras, amiga meva, vull agrair-li sempre el seu ajut en la meva integració al país i la seva amistat incondicional. Gràcies també per corregir la versió en romanès.

A la Protectora *Asociatia pentru protejarea animalelor NUCA* de Cluj, per estimar els gatets i gossets de carrer i per cuidar-los, fent-se càrrec de la colònia del complex estudiantil *Hasdeu* d´on era la Pisică, segurament ells la van esterilitzar. A ells vull destinar en forma de donació els ingressos del conte.

Vull agrair als meu pares per tenir la generositat de voler adoptar a la Pisică i cuidar-la durant aquests cinc anys i donar-li tot el que li ha calgut, però sobretot, una gran estimació.

M´he inspirat en la cançó de Blaumut ¨El primer arbre del bosc¨ per posar títol al capítol 15, ¨Un adéu sempre és polar¨.

Gràcies eternes a tots!

Pisică amb coixí de Cluj-Napoca i cobertor de sofà del panot de Barcelona - les seves dues ciutats- , a la seva ¨furever¨ home. La reina romanesa Pisică :). Foto de l´autora.

INTRODUCERE

Aceasta este o poveste reală, desigur, cele pe care le vezi uneori pe rețelele de socializare dintr-un loc îndepărtat din SUA, Hong Kong sau Australia, dar ce este diferit la ea?

Ei bine, de data aceasta, chiar dacă povestea începe departe de aici, este mai aproape de noi pentru că se termină foarte aproape.

În primul rând voi face prezentarea, mă numesc Mar şi sunt din Barcelona. Sunt o iubitoare de pisici, momentan am trei pisici, Misha, Maxi și Moix, dar am mai avut trei (Daisy, Tigre și Mishoo - toate trei odihnească-se în pace) iar mama are două, pe care le consider și eu ale mele 😉, Robin și marea protagonistă al acestei povești, Pisică.

Pentru lucrurile pe care acum vi le voi explica, mi-am petrecut aproape doi ani din viaţa in România, doi ani care mi-au schimbat viaţa.

1.ÎNCEPE AVENTURA

Era aprilie 2018 când lucram într-o companie de saltele situată lângă Palau de Mar, dar în realitate pregătirea mea era în Arheologie.

Trecuse mai bine de un an de când făcusem o cerere de a-mi direcționa propriul proiect de cercetare în Preistorie într-o țară străină, din moment ce în asta mă specializasem și tocmai când aproape că uitasem de subiect... tam tam! Oportunitatea mi-a bătut la ușă!

Într-un e-mail m-au informat că am fost selectat pentru proiect și că trebuie să mă mut în România în 15 zile! Am citit acest e-mail la serviciu, vă puteți imagina fața mea de poker pentru restul zilei? de fapt, e-mailul era de multe zile în *spam* box și de fapt aproape că am pierdut acest tren... așa că vezi că totul a început puțin, să zicem, destul de stresant.

Aveam 37 de ani atunci și, după ce m-am gândit mult la asta, am ajuns la concluzia că, dacă nu aș face-o, aș avea întotdeauna senzația că nu știu cum ar fi mers, și cum aș fi făcut. Nu mi-a plăcut să rămân cu îndoiala și, în plus, acea oportunitate mi-ar putea servi să mă dezvolt profesional. Filozofia mea este că este mai bine să regreti ceva ce ai făcut decât ceva ce nu ai făcut!

Ei bine, după ce mi-am luat rămas bun de la jobul pe care îl aveam și am completat multe hârtii online, în sfârșit pe 27 aprilie 2018 și după un zbor de trei ore, am aterizat în capitala Transilvaniei, Cluj-Napoca, un oraș românesc din estul Europei, la 3200 km de casă si la 36 de grade!
Și așa m-am îmbarcat într-o aventură care avea să-mi marcheze tot restul vieții.

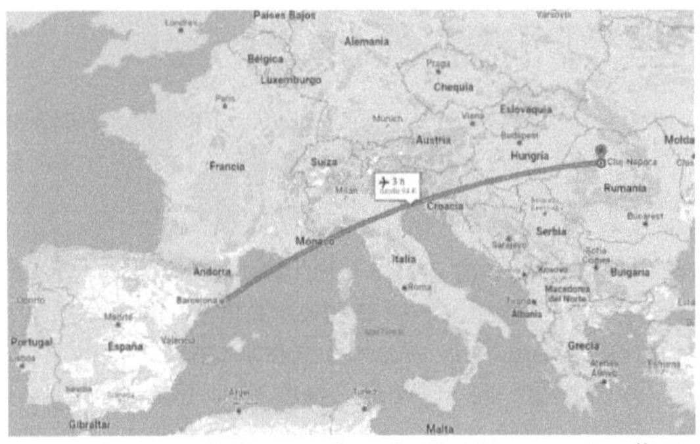

Imagine a distanței de la Barcelona la Cluj-Napoca. Sursă *Google Maps.*

Oricum, deși eram foarte încântată să pot continua să lucrez ca arheolog, în domeniul cercetării și, de asemenea, într-o universitate străină, a fost totuși greu să plec doi ani într-o țară pe care nu o cunoșteam, departe de partenerul meu, părinții și prietenii mei.

Dar datorită deciziei de a pleca am descoperit un oraș interesant, frumos și fermecător.

Poarta de îmbarcare la avionul care avea să mă ducă la Cluj-Napoca pe aeroportul El Prat. Fotografia autoarei.

Fotografie aeriană făcută din avion, vedere din avion a orașului Cluj-Napoca. Fotografia autoarei.

Vedere panoramică asupra orașului din Parcul Cetățuia. Fotografia autoarei.

2. NOUA MEA CASĂ

După o zi obositoare de documente administrative pentru a putea locui acolo și a-mi semna contractul la universitate, am ajuns la ceea ce avea să fie locuința mea pentru acele 24 de luni, o cameră de aproximativ 30 de metri pătrați, situata foarte aproape de un campus universitar şi chiar lângă zona cluburilor de noapte Cluj – Napoca (de acum înainte doar Cluj).

Deși camera era dotată cu bucătărie, baie și living/dormitor, am observat că nu are frigider sau mașină de spălat, așa că a trebuit să intru în panică să cumpăr măcar frigiderul, deoarece era esențial la temperaturile care erau.

Referitor la problema mașinii de spălat, am descoperit că în apropierea casei erau mai multe servicii de spălătorie, așa că s-a rezolvat.

Orașul contrastelor. În dreapta, la sfârşitul lunii aprilie la 36 de grade, în stânga, la începutul lunii noiembrie a nins si erau - 10 grade. Fotografii ale autoarei.

Vedere de pe balconul meu pe strada mea frigiderul cu pricina l-am cumparat. Fotografia autoarei.

3. DESCOPERIREA GRUPULUÎ DE PISICI

În aceeași după-amiază, doar pe jumătate instalată în noua mea casă, am observat că sub casa mea trăia un grup de pisici. Era o zone de grădină, spațiu asfaltat și gunoi, mult gunoi.

Grupul era format din șase pisici care erau adesea împreună acolo, pe stradă în florile ale unui campus din apropiere și în gunoiul necontrolat produs de studenți.

Aceast grup sălbatic era format dintr-o pisică albă și tigrata, o pisică neagră, două pisici albe și negre, o pisică albă și tigrată și o pisică albă și neagră. Unele erau mai murdare decât altele, cu răni pe piele, urechi cu cicatrici și murdare.

Unele erau mereu împreună și se jucau una cu celălalta (pisică tigrata și albă, pisică neagră și pisică albă și neagră) iar celelalte stăteau la o distanță rezonabilă dar formau mereu un grup care se mișca mai mult sau mai puțin împreună.

Adevărul este că mi-a părut foarte rău de ele și am văzut că au mâncat resturi de la gunoi, tupper (conserva) pe care li le-au lăsat niște elevi și am mai văzut ocazional un borcan cu apă și niște mâncare pe care un suflet bun le-a lăsat din când în când.

Am văzut imediat că trebuie să fac ceva pentru aceste pisici pentru că de acum înainte le voi vedea în fiecare zi, așa că am început să dau nume porecle celor trei pisici pe care le vedeam cel mai des, ¨Xineta¨ (cea tigrata și albă), cea ¨Negreta¨ (cea neagră) și ¨Pisică¨ (cea alba și neagra care s-a apropiat de mine în prima fotografie).

Așa că nu a durat mult să caut mâncare pentru pisici în magazinele de lângă casa mea și am decis că una dintre activitățile mele, în afară de muncă și supraviețuire, va fi să țin grupul hrănit cât mai mult posibil.

Zilele treceau și le vedeam acolo fără să le, dar când nu erau acolo am început să le chem, am fluierat puțin și în câteva minute apăreau, uneori toate alterori cateva, când doar câțiva.

Eram atât de încântată să-i văd venind când am început să-i sun... încât deja le simțeam ca fiind ale mele.

Mai ales le-am dat conserve și pungi cu mâncare, uneori am cumpărat și bobite și le-am lăsat și un borcan cu apă. Mâncau cu încântare și mă priveau cu fețe recunoscătoare.

Dimineața, imediat după zori, stăteam pe balcon și chemam pisicuţele, iar pentru că ele deja îmi cunoșteau vocea, ele stăteau jos să aștepte să vadă ce va cădea, de obicei le aruncam bucăți de șuncă dulce care mi-a rămas de la micul dejun.

Zilele au trecut și am observat ceva, una dintre pisici ieșea în evidență față de celelalte, s-a lăsat atinsă, s-a ghemuit pe picioarele mele, era bucuroasă când mă vedea și puteam chiar să o țin și să o țin în brațele mele puțin. Era ¨Pisică¨.

Prima fotografie făcută a grupului, cu Pisică albă și neagră apropiindu-se de mine. Fotografia autoarei.

Pisică supranumită „faţa chinezească” (¨Xineta¨) pentru ochii ei în formă de migdale, mâncand resturile date de elevi. Fotografii ale autoarei.

Un mâncare pe care le cumpăram de la supermarket. Fotografia autoarei.

Pisică așteaptă să cadă mana din cer. Fotografia autoarei.

4. PISICĂ

In ziua de Sfantul Ioan, 23 iunie, am iesit din casa si am vazut cateva pisici din grup odihnindu-se acolo. Am ieşit la o plimbare în jurul unui parc care era aproape de casa mea să mă plimb puțin și să-mi distrag atenția, dar când am ajuns acasă am văzut una dintre cele mai triste imagini pe care mi le-am putut imagina.

Una dintre pisicile pe care le văzusem mai devreme odihninduse pe gazon, una alb-negru, a apărut moartă... și când am aflat că nu este Pisică chiar în ziua aceea mi-am promis că o voi salva. Aș face orice să o scot de pe străzi și să-i dau o șansă!

Am ales acest nume pentru că cuvântul Pisică înseamnă „la gata" în limba catalana și mi s-a părut, pe lângă faptul că este melodic, foarte potrivit. Se poate observa că rădăcina ¨Pis¨ provine din onomatopeea ¨pis piss¨ care este folosită în multe locuri din lume pentru a numi pisoi și aceștia vă vor acorda atenție. Nu e frumos?

Primul lucru pe care trebuia să-l fac a fost să găsesc un magazin pentru animale de companie pentru a cumpăra lucrurile de bază pentru când o voi aduce. Am găsit unul foarte aproape de serviciu și am cumpărat farfurie pentru mâncare, o litieră, jucării, nisip și mâncare. Aveam totul aproape gata pentru sosirea ei.

Cum se spune ¨Pisică¨ în toată Europa. Sursa: zoom-maps.com.

5. PRIMUL CONTACT CU UN MEDIC VETERINAR

Planul luase deja contur și următorul pas era să găsească un medic veterinar, dar acesta trebuia să îndeplinească niște cerințe foarte importante; să vorbească engleză și care să mă ajute în tot ce aveam nevoie.

Am deschis *Google Maps* și am căutat prin casa mea. Am găsit un veterinar nu prea departe de casă, Centrul Veterinari Clinici pe Dr. Ardelean.

Întrucât era la 10 minute de mers pe jos de acasă, m-am hotărât să il abordez pentru a-i explica toată povestea și tot ce aveam în vedere, adică că îmi doream să o duc la Barcelona pentru a-i putea salva viaţa .

Adevărul este că nu le avea pe toate dar vorbea o engleză perfectă și a fost foarte interesat din prima clipă. Adrian așa se numea veterinarul și soţia lui, care era și ea acolo, au fost foarte amabili si mi-au spus că mă vor ajuta în orice fel!! Am simțit o bucurie imensă și o mare emoție pentru că planul meu părea că ar putea funcționa!!

Mi-au explicat tot ce trebuia făcut cu ea, şi nu erau puține lucruri. In primul rând trebuia dusă să i se pună chip, săfie deparazitatâ, atât extern cât si intern, vaccinata împotriva diverselor boli, să i se facă paşaport. Dar cum să o duc la veterinar? Nu am avut cuşcă.

Vedere a intrării în Centrul Clinic Veterinar al Dr. Ardelean Adrian (Centrul Clinic Veterinar). Fotografia autoarei.

Ei bine, Adrian, foarte hotărât, mi-a lăsat o cuşcă să o prind ca să o pot duce la el.
Chiar dacă acea cuşcă era puțin rupta, a fixat-o pe jumătate cu bandă, astfel încât să se închidă bine și să prindă Pisică.
Și așa m-am întors acasă cu acea cuşcă ruginită și veche dar foarte plină de speranță.

6. VÂNĂTOAREA PISICĂ

Era luni, 25 iunie. Planul începuse deja și trebuia să-l duc la îndeplinire imediat. M-am trezit să merg la serviciu și aventura începea după-amiaza, când plecam de la serviciu.

Când am ajuns acasă de la universitate, m-am urcat în dubă, înarmată cu șuncă dulce și multă adrenalină.

Trebuia doar să îmi repet: ¨O vei salva pe Pisică și o vei scoate de pe străzi¨, ¨Totul va fi bine¨, dar adevărul este că eram stresata. Am simțit că acest plan nu poate eșua pentru că viaţa ei depindea de ceea ce voi face în următoarele ore. Am avut prea multă presiune.

A venit momentul adevărului și am coborât în zona în care erau de obicei pisicile, dar nu am văzut niciun semn. Apoi am început să le chem:

- Psiiissssssssssssssssssss

Și nici nu a durat doi minute ca o pisică alb-neagră să se apropie... a fost Pisică! Inimă a început să-mi bată cu putere și mâinile au început să-mi transpire.

Deoarece pisicile simt și observă starea oamenilor, am încercat să mă comport cât mai normal.

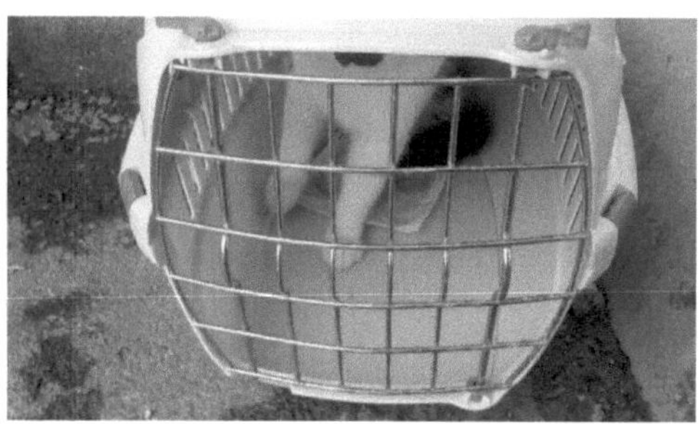

Pisică a vânata cu suncă dulce pusă în cuşca lasată de medicul veterinar Adrian Ardelean. Fotografia autoarei.

Am lăsat cuşca la pământ și m-am așezat și eu. Am deschis plasticul suncii dulci și Pisică a părut destul de interesată. A început să se frece de mine și de cuşca. Am fost foarte entuziasmată!! Am avut-o atât de aproape...

Am lăsat ușa deschisă și am pus niște felii de șuncă adânc înăuntru... și Pisică le-a adulmecat, dar nu prea a intrat, de fiecare dată când a băgat capul mai mult până... a intrat până la capăt și eu am închis ușa!

Aproape că nu puteam nici măcar să respir din emoție, nervi, totul! Am avut-o deja!

7. TUNING 1:

VACCINĂRI, DEPARAZITARE, PAȘAPORT

Cu inimă bătând cu viteză, am început să-mi croiesc drum spre veterinarul care mă aștepta deja și a început să verifice.

Primul lucru pe care l-am văzut a fost că era o pisică foarte bună, nu dădea niciun semn eă ar pleca, nu sufla, nu opunea rezistenză, sau altceva, era un soare!... dar da, era plină de purici, îi lipseau niște dinți din față și era foarte slabă. În ciuda acestui fapt, veterinarul nu a văzut nimic grav cu ochiul liber. Bineînțeles, m-a avertizat că fără analize nu am ști dacă are vreo boală. M-a mai făcut să notez că avea urechea tăiată, semn că a fost sterilizată.

A deparazitat-o turnând peste ea un lichid (nu era o pipetă) și a curățat-o. Apoi a vaccinat-o împotriva bolilor obligatorii din România inclusiv împotriva rabiei (această boală mortală este încă activă în România), dar doar prima doză. Cea de-a doua doză va fi dată peste o lună. Mi-a cerut informații pentru a începe procesarea pașaportului și am decis că pentru azi deja era suficient. Îi puneam cip odată ce i-ar fi dat a doua doză de rabie și mi-a dat pașaportul completat.

Ne-am întors acasă și am lăsat căsuța deschisă. A ieșit foarte încet, dar apoi a alergat să se ascundă între unul dintre paturi și perete.

A stat acolo toată după-amiaza și avea apă, mâncare moale și uscată și tava cu nisip. Dar dimineața am auzit că era cineva în groapa cu nisip.

Am adormit de epuizare, dar a doua zi dimineața Pisică era încă ascunsă; așa că am venit cu o tehnică pentru a-i câștiga încrederea.

8. VIAŢA DE ACASĂ ȘI PRIMELE ORI

Sufeream pentru că nu îl vedeam mâncând și atunci mi-a venit o idee. Am pus un fel de potecă cu pelete de furaj care mergea de unde era ea (colțul patului cu peretele unde ajungea mâna mea) până la jgheaburi.

Și după puţin timp, am început să simt cum își roade timid mingile și îi vedeam botul.

Nu a fost un proces rapid dar într-o după-amiază am reușit să-o fac să meargă la mâncare în prezența mea. Nu m-am uitat la ea, nu am avut contact vizual ca să nu o sperii dar încetul cu încetul s-a uitat la mine, m-am uitat putin la ea fără să mă mişc şi am continuat cu ce făceam şi aşa a văzut că nu eram nicio amenințare.

În fiecare zi care trecea se ascundea mult mai puțin și chiar începea să se frece de mobilier pentru a-și lăsa mirosul impregnat.

Luna în care a fost cu mine pe podea a fost de multe ¨prima dată¨ pentru Pisică.

Primele zile au fost complicate pentru ea, nu cunoștea împrejurimile, nu avea încredere în mine, trebuia să se obișnuiască să facă pipi într-o cutie cu nisip și nu știa ce este un pat moale. După câteva zile de dormit pe podea, când a descoperit cât de bine dormea în patul meu, nu a mai dormit niciodată pe podea.

Îmi plăcea să-i văd evoluția pe zi ce trece, se ascundea din ce în ce mai puțin, se lăsa mai atinsă, se apropia de mine fără ca eu să-i spun nimic, mânca fără rușine, îi plăcea să privească pe fereastră și să bea o băutură rece prin gol pe care l-a lăsat deschis... până în prima zi a adormit lângă mine, atingându-mă. Acest gest de încredere deplină mi-a ajuns la inimă.

După câteva zile, când era mai puternică și bănuiesc că nu i-a mai fost foame sau sete, a început și ea să se joace; O auzeam dimineața, urmărind șoarecii de jucărie pe care i-am cumpărat și făcând niște sărituri și niște alergări! ... mi-a dat impresia că este prima dată când această pisică se joacă.

Am suferit pentru că a început să se joace ca o motocicletă, ridica șoarecele și-l arunca să-l vâneze și făcea mult gălăgie vecinului de jos... totul era foarte zgomotos și îmi era teamă să nu spună ceva eu... dar din fericire nu s-a întâmplat niciodată.

Asta însemna că avea deja toate nevoile acoperite, nici frig extrem, nici căldură extremă, nu se uda când ploua, nu avea purici care să o deranjeze, nu trebuia să concureze să mănânce resturi nesănătoase ...nu mai trebuia să-și facă griji pentru supraviețuire...!!!

M-a bucurat foarte mult să pot vedea direct toată această evoluție, adevărul este că a fost un sentiment pe care nu l-am avut niciodată în viața mea.

Și unul dintre cele mai bune sentimente a fost când m-am întors la muncă și mă aștepta cineva acasă. Şi in fiecare zi asteptam mai aproape de usa, stiam deja când urc 😊!

Într-o zi am văzut un gest care mi-a atras cu adevărat atenția. Aveam o oglindă în cameră la înălțimea ferestrei, așa că am văzut cum se apropie și i-am privit reflexul. Sunt sigur că era prima dată când vedeam cum arăta. Cred că a fost unul dintre cele mai speciale momente pe care le-am trăit împreună (vezi coperta și după fotografie).

Pisică bucurându-se de prima masă cu mine și folosind cutia de gunoi fără rușine. Fotografiile autoarei.

Pisică într-unul dintre colțurile ei preferate, la fereastră. Fotografia autoarei.

Prima dată Pisică a avut încredere în mine să se întindă lângă mine. Fotografia autoarei.

Pisică s-a relaxat pe patul meu. Fotografii ale autoarei.

9. INSPECȚIE SURPRIZĂ

În jurul casei erau camere de supraveghere. Observasem asta cu mult timp în urmă, dar nu eram conștienta că se uitau prea mult, până s-a întâmplat ceva „nebunesc”.
Într-o dimineață, au început să bată insistent la ușă... era un agent de pază a clădiriia pe care îl cunoșteam din vedere care vorbea doar românește.

Era foarte mâncărime și eram foarte stresată, nu puteam să o deschid așa cum era pentru că era Pisică acolo și toate ustensilele ei! Și m-am gândit că nu poți avea animale în apartament... așa că i-am spus să aștepte o clipă, că sunt la duș.

Minciună! A trebuit sa ascund totul, inclusiv Pisică!!

- Gândește-te, gândește-te repede, mi-am spus.

Inimă și creierul îmi băteau în viteză. Am ascuns hrănitoarele și gunoiul în niște dulapuri din bucătărie, sub chiuvetă. Am adunat toți soarece de jucărie pe care le aveam în jur, tot într-un alt dulap mai înalt, împreună cu căruciorul. Trebuia doar să ascund Pisică!! Cum aş face??

Singurul lucru la care mă puteam gândi a fost să o sperii puțin și să-i spun:

- Ascunde-te!

Iar ea singură s-a strecurat între pat și perete, în colțul în care s-a ascuns prima noapte. Și am pus bețișorul pe o parte și mătura pe cealaltă, ca și cum ar fi descurajat-o ca să nu iasă.

Simțindu-mi pulsul pe frunte și cu transpirații reci am ajuns să deschid ușa.

Gardianul vorbind în română, iar eu am inteles doar ¨Pisică¨, desi tot nu vorbeam româneşte, ea stia perfect ce ma intreaba.

Știam că m-a văzut pe camere urcând cu un cuşca. Știa că este o pisică în cameră?. Și aceasta a fost o greșeală foarte gravă care m-ar putea chiar scoate din cazare. Atunci am crezut că voi leșina.

Gardianul s-a uitat pe ușă la tot etajul și când a văzut calendarul pe masă, care era, desigur, pentru pisoi, m-a întrebat:

- Pisică aici? Pisică aici?

I-am spus nu cu o sânge rece impresionant. Descoperirea ei ar însemna sfârşitul ei. Moartea sa.

Dar într-o secundă totul s-a schimbat și gardianul a renunțat, întrucât nu a găsit ceea ce căuta. Și a plecat. Și am închis ușa. Și am respirat din nou. Și apoi am început să plâng din cauza nervilor.

Pisică a ieșit timidă din ascunzătoarea ei în câteva minute și am mângâiat-o. Cel mai rău și cel mai bun moment al șederii de până atunci s-a intâmplat chiar acolo.

Pisică ascuns între perete și unul dintre paturi, care era locul ei preferat în primele zile. Fotografia autoarei.

10. TUNING 2:

A DOUA DOZĂ DE FURIE ȘI CIP

După cum v-am spus mai devreme, a durat o lună pentru a-i oferi un vaccin antirabic și acum vă voi spune cum a trebuit să o facem. Confruntat cu spaima pe care am avut-o la inspectia surpriza a apartamentul, nu puteam risca sa fiu revăzută cu un transport în sus şi în jos, din moment ce cu siguranţă muncitorii imi supravegheau paşii cu atenţie.

Am vorbit cu veterinarul explicându-i tot ce s-a întâmplat și a înțeles perfect așa că s-a oferit foarte amabil să vină acasă să-i dea a doua doză și chipul.

Ei bine, Adrian a urcat în camera şi Pisică s-a ascuns sub chiuveta din bucătărie, pe care nici nu ştiu cum a reusit să intre acolo, dar stii ca pisicile pot lua forma pe care şi-o doresc... apoi Adrian, care este un expert în asta, a luat o mătură și transpirat picătura cea mare în cele din urmă a reușit să o prindă pentru a face ambele operațiuni rapid.

Şi gata!!!! Un lucru mai puţin!! Lista „lucrurilor de făcut" era din ce în ce mai scurtă.

11. CĂUTAREA ZBORURILOR

Odată finalizată partea de documentare și partea de sănătate, a trebuit să încep să caut zboruri pentru călătoria la Barcelona. A trebuit doar să caut zboruri care acceptă animale de companie, ușor, nu?

Singura companie aeriană care zboară direct Cluj - Barcelona este am descoperit că nu permit animale! Am fost devastată și realitatea m-a pălmuit puternic.

- Am ajuns pana aici si acum nu o pot lua cu mine??

Nu vrei să știi ce angoasă m-a cuprins; Îmi amintesc momentul în care Pisică dormea liniștită în timp ce eu căutam și căutam zboruri fără succes.

Apoi s-a aprins becul și m-am gândit că poate ce trebuia să fac este să fac doi zboruri. In primul rand să verific ce companii zboară din Cluj si acceptă animale. Ia un prim zbor către X oraș european în drum spre Barcelona și apoi ia un alt zbor spre Barcelona, care permitea și animalele.

Ei bine, până la urmă am găsit o companie aeriană care să facă posibil. Aș lua un prim zbor spre Frankfurt, aș aștepta două ore și aș lua al doilea zbor spre Barcelona de la aceeași companie, deoarece ambele zboruri permiteau animale în cabină.

Am vrut doar să călătoresc în cabină cu Pisică, deoarece am auzit povești oribile despre animale care mor din cauza stresului sau despre condițiile proaste de mediu când călătoresc în cală și nu mi-aș fi iertat niciodată asta!

Mi-a luat ceva timp să leg zborurile pentru transfer dar am reușit să leg totul și ziua de 10 august a fost ziua aleasă pentru a călători, așa că aveau să înceapă vacanțele mele de august la Barcelona. Prima zi din restul vieții Pisică.

Logistica nu s-a terminat, acum trebuia să găsesc o cuşcă pe care să o duc la cabină cu dimensiunile specifice cerute de compania aeriană. Și nici asta nu a fost ușor. Am vizitat multe magazine de animale din Cluj (să nu credeți că erau atât de multe!) și niciunul nu avea exact dimensiunile pe care mi le-am cerut. Până la urmă și cu o oarecare neliniște am făcut multe cercetări online în diverse magazine cu incertitudinea dacă coletul va ajunge la timp. Până la urmă am găsit o opțiune bună.

De când am cumpărat căsuța, ceea ce am făcut este să pun punga cu mâncare umedă înăuntru în fiecare dimineață pentru ca ea să se obișnuiască și să intre înăuntru și să nu fiu surprinsă că în ziua călătoriei nu am putut să o bag înăuntru, ceva care m-ar îngrozi să-mi imaginez.

Pisică doarme liniștită în timp ce eu căutam zboruri. Fotografia autoarei.

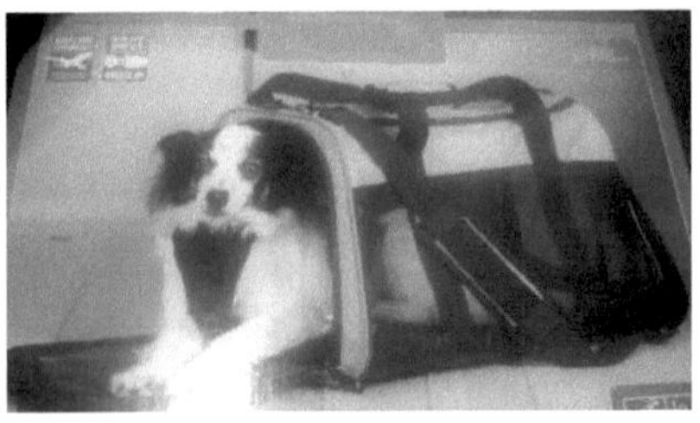

Fotografie cu cutia transportului pe care am cumpărat-o special pentru călătorii în cabină. Fotografia autoarei.

12. ZBURÂND CĂTRE O NOUĂ VIAȚĂ

A venit ziua și cu o seară înainte, împotriva oricărui pronostic, am putut să dorm fără înteruptere. Dimineața, însă, toți nervii au ieșit brusc.

Ei bine, în dimineața aceea, îți promit că am făcut același lucru în fiecare zi, am băgat cutia în căsuță... apoi Pisică, care nu e deloc proastă... îți imaginezi ce a făcut? Ei bine, nu a vrut să intre!

Inimă a început să băta pentru că timpul se scurgea și nu puteam să fac prea mult.

Am încercat să disimulez mult, să nu mă uit la ea, să nu aștept să văd dacă intră sau nu... și apoi când a început să-și bage botul înăuntru... m-am încurajat și am spionat-o înăuntru! Eram deja înăuntru! Primul pas făcut!

Am terminat de făcut valiza ca să nu las nimic în urmă; pasaportul Pisică, actul meu de identitate, valiza uşoară şi transport cu Pisică inauntru.

Când am ajuns la aeroport la timp, ne-am așezat să bem ceva la barul aeroportului, unde mi-am făcut această fotografie, fără să ne imaginăm ce va urma.

Eu și Pisică la barul aeroportului, în drumul spre casă stand cateva ore. Fotografia autoarei.

După cum vă puteți imagina, uneori există circumstanțe neprevăzute când trebuie luate zboruri.

Imediat după ce am trecut prin control ajung la poartă și îmi dau seama că primul zbor a avut să întârziere, atât de mult încât am ratat celălalt zbor. Acest lucru a fost foarte grav, deoarece însemna să pornesc de la zero încă o zi, să ma întorc acasă în putănd de a fi prinsă de către gardienii, să conectez din nou zborurile în cine știe ce zi, să reintroduc Pisică în cuşcă să solicit oficial iar vacanțe pentru alte zile ca universitatea să aibă palmares....!

Am o serie de transpirații reci oribile pe care nici nu ți le poți imagina!

În scurt timp, la ghișeu s-a format un șir de oameni care pretindeau același lucru ca și mine, așa că mă poți vedea deja acolo, la ghișeu, cerând să-mi rezolve situația pentru că Pisică mea nu a putut să ajungă la ea acasă în aceeași zi. După ce ni s-a întâmplat mai multor persoane cărora ni s-a întâmplat același lucru, ne-au explicat că au fost nevoiți să reprogrameze ruta, iar acum trebuie să așteptam patru ore pentru a prinde avionul. Odată ajuns la Frankfurt a trebuit să aștept încă patru ore pentru a lua zborul spre Barcelona. Așadar, în loc de cele trei ore pe care le durează un zbor direct, până la urmă a fost nevoie de 12 ore de călătorie eterne. Ce să facem, scopul era să ajungem acasă!

În plus, la fiecare zbor trebuia să trec prin controlul lor respectiv și știi ce? m-au pus s-o scot pe Pisică din cuşcă pentru ca trebuiau sa verifice ca ea nu duce ceva rău înăuntru... asa că totul se complică din ce in ce mai mult... capul meu şi-a imaginat cum au deschis cuşcă si Pisică s-a scapat din ea pe aeroport și am pierdut-o...

Așa că la prima verificare, au luat cuşcă cu Pisică în ea și au așezat-o pe o masă departe de mine, au deschis-o și au ținut Pisică cu afecțiune. M-am speriat de moarte, dar am observat că a rămas nemișcată în brațele celui care o ținea, nu a făcut niciun semn că vrea să plece și nici nu s-a împotrivit... părea să înțeleagă că aceasta era călătoria ei spre o viață mai bună... Și când au terminat de inspectat transportul, au băgat-o înapoi înăuntru de parcă nimic nu s-ar fi întâmplat.

Am intrat in primul avion si cand eram pe punctul de a decola, am deschis puţin fermoarul ca sa bag mâna şi să o mângâi şi să nu fie atât de distrasă de zgomotele asurzitoare ale avionului. Deci până am ajuns la Frankfurt. În loc de trei sferturi de aceeași, am așteptat 4 ore, am trecut din nou prin control scoțând-o din cuşcă, a fost cărată fabulos și al doilea și ultimul zbor și acasă!

Ca o campioană, Pisică nu a mâncat, nici nu a băut, nici nu a făcut pipi sau altceva (avea mâncare și băutură în cărucior) și a îndurat cu stoicism toată călătoria.

Am patit foarte mult. Dar sunt sigură că a avut călătoria vieții ei, iar acum trăiește fericită și ca o regină în casa părinților ei care au avut generozitatea să o adopte, din moment ce aveam deja doi pisoi și tocmai pierduseră unul, Mishoo.

Pisică a trăit cu părinții mei fiind singura pisică până când a venit pandemia de Covid în 2020. Tatăl meu a murit în martie 2020, iar mama și Pisică au rămas singure. În iunie 2020, mama și cu mine am decis să-l adoptăm pe Robin, un pisoi care a venit din Huelva pentru a-i ține companie Pisică.

Au devenit imediat prieteni și au dormit împreună când au terminat sa se joace împreună.

Pisică într-unul dintre hobby-urile ei preferate, uitându-se pe fereastra casei părinților mei. Poate fi mai frumos? Uită-te la chipul iubirii pe care o îmbracă... Fotografii ale autoarei.

Toată familia cu Pisică în fundal, privind pe fereastră. Fotografia autoarei.

Pisică cu ¨fratele său¨ Robin, adoptat din Lepe (Huelva). Fotografia autoarei.

13. PRIETENII NU TE LASĂ NICIODATĂ ÎN URMĂ

Dar povestea asta nu se termină cu Pisică, familia ei rămâne acolo și când m-am întors din vacanță m-am ocupat de ele în restul timpului cât am stat acolo, aproape 2 ani.

Mai presus de toate, cele mai apropiate au fost Xineta și Negreta, zi de zi le sunam și veneau să mănânce acolo cu mine și să ne țină companie.

După cum puteți vedea, căldura a dispărut treptat și s-a transformat într-o iarnă rece, înzăpezită și înghețată. Chiar și așa, pisoii ieșeau aproape în fiecare zi.

După câteva luni, a venit o primăvară timidă și odată cu ea s-au născut și mai mulți pisoi români în campus. Am făcut ce am putut și în ziua în care am plecat i-am promis grupului să ne revedem. Sunt sigură că așa va fi.

Xineta care mănâncă plicul pe care i l-am pus-o într-o după-amiază rece. Fotografia autoarei.

Negreta pe vreme nefavorabilă. Fotografii ale autoarei.

14. LA REVEDERE ESTE ÎNTOTDEAUNA POLAR

Pisică era sănătoasă și era o pisică dolofană care se bucura de viaţa ei în Barcelona, dar, din păcate, în august 2023, Pisică a început să dezvolte o tumoare foarte agresivă sub maxilar.

După ce au făcut mai multe teste, au confirmat veștile proaste au fost confirmate.

Era imunocompromis și dezvoltase un limfom foarte agresiv. Nu era nimic de făcut și mai avea de trăit doar câteva săptămâni.

A fost iubită până la ultima suflare și am ajutat-o să treacă curcubeul; nu a murit pe stradă, așa cum soarta ei îi plănuise înainte ca drumurile noastre să se încrucișeze.

Ultima fotografie făcută cu Pisică. Fotografia autoarei.

15. ¨IUBIRE¨

Am simțit un gol foarte mare odată cu pierderea ei, era o pisică cu totul specială, cu o poveste demnă de spus și era și ca o legătură pe care am avut-o cu regretatul meu tată, un sentiment greu de explicat.

Pentru ca această poveste frumoasă să nu cadă în uitare, am început să mă gândesc să fac această poveste și ca povestea ei să fie cunoscută peste tot. Și nu numai atât, hotărâse ca încasările din vânzarea poveștii să meargă către un protector adapost a pisicilor român din orașul Cluj, orașul Pisică.

Aici intervine o întorsătură de scenariu complet neașteptată, care conferă poveștii și mai multă emoție.

Căutam pe *Meta* (*Facebook)* să găsesc u protector adapost și în timp ce căutam într-un grup de animale fără adăpost am dat peste o postare de demult, din iulie 2018, a unei fete care căuta o pisică foarte asemănătoare cu Pisică; iar când m-am uitat atent la fotografia pe care am încărcat-o, da! O căuta pe Pisică!

Poza postării în care e cautătă ¨Iubire¨. Fotografie oferită de Iulia.

Mi-a înghețat sângele... mi-am luat o pisică care avea deja o casă? nu am înţeles nimic. Am continuat să investighez și am contactat-o pe fata de la postare și i-am spus toată povestea. Ea mi-a răspuns după câteva ore, super emoționată și plângând, și mi-a confirmat că o iubește foarte mult pe Iubire, că așa iî spunea și că numele înseamnă ¨Iubire¨ în română - nu e de mirare că a botezat-o astfel -, că ea a hrănit-o și a vizitat-o regulat în zona în care locuia. O văzuse la naștere, o dusese la veterinar pentru o ușoară problemă cu mameloanele și mi-a explicat că până și Pisică a rămas gestantă și avea pisoi, dar din păcate cineva i-a ucis la câteva zile după naștere. Și într-o bună zi, Pisică dispăruse fără urmă.

¨Iubire¨ foarte mică si apoi gestantă. Fotografii oferite de Iulia.

Dar a căutat-o ani de zile în zona studenților.
I-am spus Iuliei toată povestea și deși la început era tristă, apoi s-a bucurat că Pisică a avut o casă în tot acest timp în care o căutase, îi era foarte dor de ea și a emoționat-o pentru toată povestea.

Mi-a trimis multe fotografii cu ea și cu Pisică și am putut să văd o parte din viaţa ei pe care nu o cunoșteam. A fost foarte interesant să descopăr toate acestea. În orice caz, insist ca îmi pare foarte rău ca intr-o zi Iulia nu l-a mai gasit pe Pisică, din moment ce l-a iubit foarte mult şi îmi pare foarte rău ca i-am provocat durere scotand-o pe Pisică de pe strazi.

Intenția amândurora a fost întotdeauna să salvăm un suflet frumos și fiecare dintre noi a făcut-o în cel mai bun mod pe care l-am știut.

MULȚUMIRI

Prima persoană căreia vreau să-i mulțumesc este Pisică. Grupul de pisici și în special ea, m-au făcut să am un motiv să ies din casă în fiecare zi, zăpadă, ploaie sau 38 de grade. Mi-a stârnit sentimentul că vreau să-i protejez și să-i îngrijesc până la sfârșit. Le voi fi veșnic recunoscătoare. M-a salvat făcându-mi o iluzie de care aveam nevoie în acel moment.

Îmi pare rău că am încălcat regulile locuințe dar cauza a fost mai mare, știu că poți înțelege 😊 și de aici îmi trimit scuzele.

Cealaltă persoană super importantă și fără de care nu aș fi putut face tot ce am făcut, a fost medicul veterinar Dr. Adrian Ardelean, veterinarul cu suflet mare. Amabilitatea lui, dorința lui de a mă ajuta și eficiența lor au făcut posibil ca visul meu de a o aduce pe Pisică la Barcelona să devină realitate.

Iulia Negrea, mulțumesc că ai hrănit-o și ai îngrijit-o pe Pisică când era ¨Iubire¨ și trăia pe stradă, ai fost o parte foarte importantă în a ajuta-o să fie o pisică mai sociabilă și am reușit să o scot de pe străzi. Inimă ta bună m-a făcut să trăiesc foarte bine cât eram pe stradă. Atât ea, cât și eu vă vom fi veșnic recunoscători.

Mihaela Fluieras, prietena mea, vreau mereu să-i mulțumesc pentru ajutorul acordat în integrarea mea în țară și pentru prietenia ea necondiționată. Multumesc si pentru corectarea versiunii în română.

Mulţumesc la Asociatiei pentru protejarea animalelor NUCA de la Cluj pentru că iubesc pisicile străizi si au grijă de ele şi pentru că au preluat grupul de pisici din complexul studentesc Haşdeu unde se afla Pisică, pe care probabil au sterilizat-o.

Vreau să le donez veniturile din poveste.

Vreau să le mulțumesc părinților mei că au avut generozitatea de a dori s-o adopte pe Pisică și să aibă grijă de ea în acești cinci ani și să-i ofer tot ce avea nevoie, dar mai presus de toate, multă dragoste.

M-am inspirat din piesa muzical lui Blaumut ¨El primer arbre del bosc¨ pentru titlul capitolului 15, ¨La revedere este întotdeauna polar¨.

Mulțumiri eterne tuturor!

Pisică cu pernă şi husa din Cluj-Napoca pe canapeana şi pătura din Barcelona - cele două orașe ale ei- în „furever" casa ea. Regina Romaneasca Pisică :). Fotografia autoarei.